Candaya Poesía, 33

PAPEL DE ARROZ

Diseño de la colección: Francesc Fernández
Imagen de la cubierta: Juan Pablo Ordóñez, a partir de una fotografía
de Valeria Betancourt.

© Bernardita Maldonado
© Por el prólogo: Cristina Burneo Salazar

Primera edición: enero de 2026

© Editorial Candaya S.L.
Camí de l'Arboçar, 4 - Les Gunyoles
08793 Avinyonet del Penedès (Barcelona)
candaya@candaya.com / www.candaya.com
facebook.com/edcandaya

BIC: DCF
ISBN: 978-84-18504-88-4
Depósito Legal: B 2717-2026

Este libro se terminó de imprimir en el mes de enero de 2026 en los
talleres de Estugraf Impresores, en Ciempozuelos (Madrid).

BERNARDITA MALDONADO

PAPEL DE ARROZ

Prólogo
Cristina Burneo Salazar

EDITORIAL CANDAYA

Prólogo

ESTRELLA DE CLAVÍCULA ROTA
Cristina Burneo Salazar

Quien no llegó a existir puede tener biografía. Un hijo que no llega a ser es vivido en el cuerpo de la madre, en la memoria de la familia, en el duelo que se experimenta cuando, a la vez, ha nacido y no ha nacido. Es alguien fugaz, pero alojado algún día en el claustro materno, ya para siempre vaciado. *Papel de arroz* es el viaje-anamnesis de la hermana sobreviviente de un diminuto ser muerto para recuperarlo en la escritura. La fugaz semblanza de instantes que lo devuelve señala la brevedad de su vida al tiempo que la perdurabilidad de su recuerdo.

Como escribió Jules Supervielle una vez, el lugar de honor se reserva siempre para el ausente. «En la mesa del silencio hago un sitio para ti», dice la autora, y con ello abre su libro.

Los poemas marcan un camino sobre los vínculos que nos da el parentesco: intensos, dolorosos, fundamentales. Nos muestran que la biografía, pretendidamente la narración de la vida de una persona, es en realidad una tarea imposible en los términos en que esa palabra es definida por la fría limitación de los diccionarios. No hay biografía individual, sino una serie de nudos filiales, amorosos, en conexión con todos los seres de la tierra, que construyen una historia siempre vincular. Por eso, el hermano muerto, que no hubiera tenido biografía, es abrigado en lazo con las vidas de sus sobrevivientes, doloridas pero vitales.

El recuerdo primordial que desencadena la escritura es el no arribo del hermano a la existencia. «Mamá guardó los certificados donde no tenías nombre», escribe la hermana mientras posa sus manos sobre un archivo hecho de olvido y frágiles papeles que se deterioran. Aunque sus partículas olorosas a viejo vuelen por el salón donde reposan, el hecho no se borra, porque hay alguien que escribe.

Bernardita Maldonado es una escritora, gestora cultural, trabajadora y juglaresa proveniente de la provincia de Loja, sur de Ecuador, región fronteriza con Perú. Su poesía me hizo comprender por primera vez una de las causas de la migración lojana hacia España y Estados Unidos a fines del siglo XX: la guerra del Cenepa de 1995, que tuvo lugar sobre la cuenca del río Cenepa, en territorio peruano. La economía lojana quedó enormemente afectada entonces; a esto le siguieron un feriado bancario y la dolarización del país. Puedo imaginar los retornos de esta escritora a la casa familiar, los archivos y los álbumes luego de ese largo camino a fin de recuperar una caja con recuerdos antes de que la distancia y el trabajo cotidiano le dieran victoria al olvido.

El arroz sembrado en la frontera sur es un producto agrícola de muy alta calidad. Su grano largo y uniforme es un símbolo de la región. La variedad ferón es compartida por Perú, Ecuador y algunos lugares en Italia, alimento de orgullo para las culturas lojanas. En tiempos de guerra, decían que los peruanos habían minado los campos de arroz ecuatorianos, y eso quedó en la memoria popular como huella del conflicto: «el mismo aire que mueve las flores/puede despertar minas olvidadas/en los campos de arroz». El papel de arroz se hace con una masa del grano que luego se tritura y se tamiza. Necesita del sol para secarse y mostrar su superficie traslúcida e irregular. El arroz es la materia prima del lente con el cual la poeta visita las imágenes de su infancia. Bajo esos campos minados hay raíces que son el presagio del papel sobre el que reposarán estos poemas.

La migración es también una condición particular de la memoria. ¿Qué cosas no caben en las maletas de 23 kilogramos que en las idas y vueltas tengan que dejarse atrás siempre guardadas en bodegas? ¿Cuántos años dura un recuerdo si se lo deja del otro lado del océano? ¿Qué largas vueltas por el mundo dan los ojos que vuelven con miradas curiosas y extrañadas sobre el terruño que se tuvo? Aquí uno de los recuerdos del país: «Moríamos por varicela, tosferina, por no tener vacas ni vacunas». No tener vacas ni vacunas en ese verde borde de frontera, verde pero sin vacas. La anamnesis del hermano muerto es también resistencia contra el cansancio. Para escribir a pesar de la prisa cotidiana de la dura labor, que se convierte en largos años de prisas, la trabajadora debe parar, voltear la mirada, dejar caer sus brazos de faena y conducirlos hacia la escritura. Las migraciones y los retornos conforman un modo particular de la anamnesis, mediada por la distancia y los lejanos confines de los archivos familiares. En los poemas, el *lugar natal* aparece así, en itálicas. El verso continúa: «donde no tenemos sombra ni contorno, ni siquiera en el álbum familiar». En el desarraigo, cuando el retorno al país ya no es retorno, queda el camino alterno del regreso a la memoria.

En los poemas aparecen, una a una, cajitas que guardan algodones, fotografías, un «antiguo botiquín de cartón duro» que preserva las huellas de la hermana cuando niña: «la Cruz Roja de su tapa tiene perforaciones de cánulas y jeringuillas. El agujero más grande lo hice yo, contra todo desacato, escribí con un punzón la palabra viento», palabra que resulta ser su aviso de que un día se elevará por los aires para irse del otro lado del mundo.

Otra cajita aloja una «plegaria guardada por las manos piadosas y reumáticas de la abuela: no sé ler, firmo con una x». La ancestra, con su escritura en forma de equis, acompaña aquella de la nieta, se expanden hacia un alfabeto desigual y ampliado por el recuerdo compartido. Mientras la abuela aparece a través su equis, no aparece en los poemas ninguna letra del nombre del hermano. Tampoco aparece en los álbumes de fotos, su ausencia grita desde el lugar donde no está. Pero la abuela siempre estará, ancestral, para señalar un camino de silencioso cobijo.

La autora emprende este viaje-anamnesis a sabiendas de que verá un archivo de ausencias: fotos sin él, ropa no guardada, un escarpín que no fue necesario tejer. Este hermano es el primero de todos sus muertos. Escribe: «Buscarnos en fotos deterioradas es refractar el ojo: se perfilan bueyes a la sombra de la piedra, embajadores presidiendo el paso de un aventurado tren por Sibambe». Entre los recuerdos de un archivo, la ausencia de aquello que es lo más importante habilita otro modo de organización de la memoria: hay que buscar, ubicar, nombrar. Aquellos bueyes que anuncian el paso del tren señalan un tiempo de duelo, vacío, recuperación lenta de la vida, quizás, dada por el paso del tiempo y la integración del vacío en la familia. Donde están los bueyes, no aparece el hermano muerto, pero sí aparece allí, espectral, su ausencia.

En otra caja aparecen palabras fragmentadas en varios versos junto con los objetos que se quebraron en un terremoto. La madre del bebé muerto siente dolores de parto en los instantes mismos del sismo, la casa entera tiembla como mal augurio. En un terremoto también se rompen las palabras, y con ellas se va la posibilidad de nombrar lo más terrible, hasta que el poema las vuelve a convocar.

Las madres que no pueden amamantar a sus crías porque han muerto quedan con el duelo guardado entre sus senos, «en la leche luctuosa de madres huérfanas de sus hijos» aparece con enorme tamaño esa ausencia. «Hay ríos de leche que cubren las tumbas de los niños, que blanquean los huesos de sus seres queridos», y que dicen de duelos que muy poco se nombran. Los poemas abren con tanta delicadeza como ferocidad otra caja: aquella de los duelos sin nombre de los hijos deseados y extraídos de las entrañas de las madres con fríos instrumentos que los hacen salir al mundo sin ver nunca la luz, porque han muerto minutos antes. «Depositar una gota de leche en un pañuelo» es nombrar ese duelo, como se nombra en los poemas esa leche destinada a nadie.

En esta atmósfera, y en la historia que cuentan los poemas, los padres, en cambio, no aparecen. Muchas familias están conformadas por comunidades de mujeres trabajadoras, lavanderas del río, comerciantes, camareras de hotel, que han criado a sus hijos acompañadas por otras mujeres entre faena y faena. Los padres, dicen los poemas, «se borran en cualquier parte: su desaparición desacredita a las familias y los hijos somos fotos sin enmarcar». Olvidados por ellos, confeccionan otro álbum de familia «donde todos han cerrado los ojos y cargan un abandono entre las manos».

Otras son madres muy jóvenes, es probable que sus vientres no hayan deseado ningún hijo, ninguna gestación. O que entre el deseo y el destino no haya lugar para la claridad. Al verse sin opción, cercadas por la imagen misma de la maternidad ineludible, se extingue su vida siendo aún niñas tiernas de alguna otra madre: «Carmen Teresa Maldonado / muerta a los dieciséis en labor de parto». Carmen Teresa, vientre exhausto y explotado, aquí te nombra todavía la heredera de tu resignación, ha venido en rebeldía.

El viaje en el tiempo hacia el instante inmediatamente anterior a la muerte del hermano, punto Jonbar de la Historia de un mundo entero, es el viaje al recuerdo de sus huesitos rotos por el fórceps, escena insoportable y primordial. La autora logra convocar una colosal memoria extendiendo la brevísima existencia del niño a la tierra, los animales, en un empeño por abrir otra deriva en el tiempo que le permita hacer de la ausencia una ofrenda. He aquí mi hermano, lo entrego al espacio para que allí more.

Al final, el pequeño hermano brota en la escritura «como un helecho que se abre para el sol». La memoria puede recuperarse de formas insospechadas, atravesar heridas caminando hacia el futuro, dando pasos hacia atrás y devolvernos un presente más denso, con más capas y horas. Puede recuperarse poniendo frente a nuestros ojos, como una lente, una pequeña hoja de papel de arroz, semitransparente y estriada, escrita ya con el recuerdo primordial. La infancia de la hermana se mide en los geranios sucesivos del tiempo. Esta imagen del poemario no es una metáfora: cada geranio, el color de sus pétalos y sus hojas traen uno tras otro a la autora al presente para decirnos del poder sísmico de su escritura. Ella, la escritura, ha sido capaz de reconstruir una vida que no fue para convertirla en una pequeña gran existencia que ya siempre estará a la vuelta del tiempo como nudo de amor entre quienes le sobreviven.

La supervivencia consistirá, así, en volver a mirar los trenes y los bueyes, las cajas, los ojos de la madre, para encontrar entre los pliegues de sus párpados aquello que será, con el tiempo, un poema. En esto, Bernardita Maldonado es persistente y valerosa. Toda su obra revela una profunda capacidad para observar lo que lacera y darle forma, impedir que sea dolor sordo y dotarlo de un poderoso lenguaje. Como la pequeña niña que tomó el botiquín entre sus manos para ahuecarlo con un punzón, la poeta llega a agujerear la caja del tiempo para hacer que entre luz y narrar su hallazgo. Qué obsequio leer, en sus duelos, los nuestros, para ver que allí también hay belleza, gracias a su infinita palabra y a su poesía vincular, capaz de ver lazos entre todos los seres con los que respiramos el mismo instante.

A mi hija Merche,
por enseñarme que en cada vida hay una grieta que cede,
y también un minúsculo terrón que resiste, a mi hijo Daniel.

La imagen arde en su contacto con lo real.
Se inflama, nos consume a su vez.
Georges Didi-Huberman

Tiene que haber un punto
donde cesen los turnos del olvido
y las formas recuerden.
Roberto Juarroz

El mundo se ha ido, tengo que portarte.
Paul Celan

¿Quién toca a muerto
en las campanas
sumergidas del agua?
Jordi Doce

Pero, ¿qué hay de nuestra memoria,
la memoria de los que dependen de imágenes?
¿No sirve de nada?
Louise Glück

Aquel pretérito en que seré un niño.
César Dávila Andrade

ANAMNESIS

a. ¿Cuánto pesa un niño a punto de nacer?

b. ¿Puede sentir el terremoto del 31 de julio de 1970?

c. ¿Has visto llorar a lágrima viva a un caballo?

d. ¿Qué se escucha después del temblor?

e. ¿Qué falla geológica nos asusta tanto?

a. Un niño a punto de nacer es chiquitito, pesa lo mismo que la luz pasando de largo sobre un cuerpo embozado.

b. Es un ángel amnésico resquebrajando un desierto de aire, no puede sentir sismo alguno.

c. En un poema de Gonzalo Rojas vi llorar a una piedra; nunca he visto llorar a una bestia.

d. Después del temblor solo se oye el silencio.

e. Nos asusta el encajamiento de imágenes, cual placas tectónicas después del colapso. Nos asusta la tierna sutura del tiempo cuando junta las fontanelas de un recién nacido.

I

PAPEL DE ARROZ

Nunca supe si los ojos de mi hermano, muerto al nacer, fueron azules o profundamente grises. Los demás también empezamos a morir cuando nacemos. Tampoco pude saber si lo depositado en aquella caja pequeña, resguardada por metales fríos, era el corazón de ciervo del hermanito mío o un pájaro con el pico sellado por un chicle de cereza.

Un nacido muerto mide lo mismo que un mirlo, pesa mucho menos que la urna que lo contiene.

Su fantasma aparece de vez en vez, como un instantáneo arbusto arrancado de cuajo del eje del mundo y lanzado ante mis ojos.

Te escucho con los oídos de los muertos.
Te veo con ojos que no tengo todavía.

Caían esquirlas del tejado
y aullaban los perros.
El terremoto cuarteó el bahareque de las paredes
donde tantos tesoros
escondimos para ti.

La abuela impidió que tu pequeño cuerpo
fuera lanzado
a los canales del hospital.
Te dispuso en tu cajita blanca
y alimentó el misterio de tus ojos:

ojos plomizos eran,
como la crecentada cuando erosiona las montañas,
redondos, humedecidos por la garúa de agosto
cuando hay tanto viento,
apagados en la ceniza de promesas incumplidas.

Una lámina de papel de arroz apareció
entre mis ojos y los tuyos
y mi cabeza de cinco años se embarcó
como polizón en tu caja pequeña.

La abuela
fundadora de un contracosmos orgánico
preparó el puñado de cal para tu fosa:
ahí te dejó,
estrella con la clavícula rota por los fórceps.

Y la imaginación, ¿dónde te puso?

La abuela deseaba que sus finados descansen
en paz *eterna*:
No los llores demasiado
no los recuerdes demasiado
se cargan en tu espalda o en tu cráneo.

El mirlo ya había picoteado mi cabeza
y confundí nubes con algodones.

Túmulos de voces derribaban los muros coronados por
botellas rotas, vencían y entraban a la única casa levan-
tada en la profundidad de la noche, donde el coro de
los grillos se confunde con músicas estelares.

En ciertas madrugadas los sueños tienen más vigor que
las *imágenes de la realidad*; otras noches la realidad nos
envuelve en su materia y lentamente te oigo aparecer

Ninguno preguntó por las posibilidades técnicas
para que tu imagen pueda sobrevivir
en mi cabeza de cinco años.

Basta un poco de aire, un olor alcanforado, y otra vez,
como un globo, te elevas, espejeas en mí, te consumas
en mis imágenes.

En días de noviembre tu impalpable gesto,
como el de un animal que no ha llorado nunca
pareciera perseguirnos
y, sin embargo, permaneces
mudo
clavado a la noche
animal atado a su estaca de silencio
al velón agotando su lumbre.

Nadie pregunta por la hechura de esa imagen.

¿Sirve de algo otear a trasluz las imágenes como si el
tiempo fuese un papel de arroz? ¿Ves transcurrir mi
sangre a través de esa lámina finísima que separa la
muerte de la vida?

El trabajo del corazón está hecho,
el trabajo de la visión permanece
para siempre inconcluso.

Tus ojos, cámara de luz rasante en persecución perpetua
de las cosas del mundo, se pegan a la tarde, a las piedras
del río, a la ropa que lavábamos, a la espuma de jabón en
las manos de la abuela, a las grietas y las farolas.

Pero no te veíamos, no te veo.

Mirábamos nubes con forma de anfibio o cabellera de la
virgen; solo la lluvia te dio gravedad y entonces bajaron
tus ojos cerrados por los ramalazos de garúa empapando
el traje dominguero.

Algunas veces, tus ojos se deslizaron dentro del camisón,
como los insectos en los higos maduros; otras veces se
incendiaron, fallido vuelo de un zepelín temerario.

Yo te vi arder.

¿Pudiera la ceniza memoriosa reconstruir el tronco calcinado de un faique?

Si aquello fuera dado, la ardilla recogería su bellota caída otoños atrás; se pudiera reconstruir la vida desde la bolsa amniótica, ese fardo que aumentaba el peso de la madre según la escala de Richter. Pero vienes olvidado de ti, de desintegrarte; vuelves sin más historia que la fugacidad del ensueño.

Apareces invicto ante el desastre, ante los epicentros y sus réplicas que te depositan ya aquí, ya allá, ya de cinco años, de doce, de veinte, de cuarenta.

Te deposita el tiempo en tanto sitio, que no sé cuál es el simulacro y cuál tu ausencia real.

Después del tintineo sísmico
tu mirada inventó mil lugares donde hacer pie,
una mota de polvo, una brizna de aire,
una esquirla de cangahua escindida de la roca madre.
Tu imagen se anegó, como las piedras del Vilcabamba
dejándose borrar por el moho, por la erosión,
como el sonido de una voz sin cabeza
flotando entre aguas agitadas.

A veces asoma una mano tuya,
a veces un mechón de pelo,
tus hombros amoratados.

El tiempo te acecha
veo el arco, la tensión, el movimiento, la herida,
pero nunca tu pecho.

De repente aparecen las palabras,
    ventanas rotas
adquieren materia y estatura,
las juntamos como mejor podemos:
un puente quebradizo
donde retorna lo perdido;
y tú,
potrito de ojos plomizos,
mirando hacia atrás,
persistiendo;
y por delante el poema
    caballo
ucronía galopando el silencio,
temblando por no saber
decir
o callar.

Ah, esquirlas del lenguaje,
con sus corolas perecederas,
sonajero de árboles muertos.

No se puede vagar eternamente
entre el aire inconsistente
y la densidad de los días de este mundo.
No se puede recoger espliego
crecido en campo minado.
Nadie puede desplazarse sin temor
a la rotura del eje de la tierra.

Sin embargo, aconteció:
equivocamos el carromato de los muertos
con el de los vivos
a sabiendas de que el mismo aire que mueve las flores
puede despertar minas
olvidadas
en los campos de arroz.

En este teatro de distancias
olvidamos que pudiste ser alguien
o ser nadie;
nos movemos por cuencas
fluviales

sin miedo a la violencia de la tierra
y al olvido,
sin miedo
a nuestro propio espectro
mostrándonos el nicho geológico
galopado por un caballo
hasta que olvida que es caballo.

En el feldespato de las visiones distingo tu ademán, tus gestos imprecisos, la *imago* de ti derruida, vagando; el terremoto nos dejó sin casa y a ti sin cuerpo donde morir, donde morar.

¿Pudieras decir *Los dioses no tienen más substancia que la que tengo yo?*

Pero nadie da instrucciones para vivir sin cuerpo.

¿Quién no ha tocado el vigor murmurante de la realidad?

Cuando se levanta, se yergue como medianera de vecinos mal llevados, tú del otro lado, yo de este. Comprende que no pueda mecer los dos hemisferios. Basta intentarlo para que tu infancia y la mía se desparramen al unísono: la tuya, volátil y acuosa; la mía: geranios sucesivos, tejados con goteras, papel de arroz para los sombreritos de marionetas y soldados.

Somos el simulacro. La irrealidad de la realidad.

Mamá guardó los certificados donde no tenías
nombre.
Durante semanas te llamamos
angelito
cualquier mínimo aire en el costado me dirigía hacia ti.

Entre cúmulos de algodón, con camisón bordado,
era yo dueña de instantáneos escondrijos.
Desde la altura te mostré los niños de la escuela
disputándose un columpio oxidado.

Toco tu sueño amniótico
angélico
desde este lado de la vida,
desde su ahogo y asfixia
restituyo la placenta
desecha
infancia.

Restituimos,
sustituimos,
mientras los rapaces mondan
las vísceras de este mundo.

Algunos muertos se esconden:
que nadie sepa quiénes son
aquellos que no fueron nunca.

Un pábilo apagándose dura más
que la imagen
de quien no llegó a abrir los ojos.

Un nonato no deja sollozo ni perfume.
Nada pudo llevarse del mundo:
no sabe qué es un erizo ni un candado,
sin embargo, deja un espacio
espejeante
para vaciarlo de sí mismo
y llenarlo de nosotros.

No volví a decirte
amorfinos ni adivinanzas
por más que las palabras girasen en rondas
hasta alcanzar los volcanes
después caían al zaguán
como efímeras luciérnagas.

No volví a decirte
palabra.
No hay muerte,
delicadeza hay, violencia, temblor.

A tu paso cualquier palabra es pérdida.
En la mesa del silencio hago un sitio para ti.

El olvido,
mudo animal,
se cerró sobre ti
sobre mí,
nos tomó a todos.

La vida se nos escapó en aquel río
donde los albañiles amontonaban sus piedras
y lavaban las mujeres. La vida escapó
por una grieta en la cabeza, una mala caída,
una perfecta caída en el vacío,
el corte en las venas del suicida.
Moríamos por varicela, tosferina, por no tener vacas
ni vacunas.

Conmigo seguía mi cuerpo,
tierra para un solo árbol,
única armadura contra la muerte
tú, latitud infinita,
cuerpo sin cuerpo
en el aposento de lo que no se nombra.
Nada impidió tu olvido.

Retrocedo para alcanzarte.
¿Quiénes cantan cuando la voz se apaga?
Cierro los ojos, atisbo,
recorro con el tacto una fisura,
toco mi cuerpo
el instante de aire que lo sostiene
vida de aire sobre el cordel cansado de los días.

Huyes al trasmundo donde ni las palabras ni su sintaxis pueden abrazarte. ¿Cómo volver a palpar esa bruma? ¿Cómo quebrantar la atmósfera silenciosa después del terremoto? ¿Cómo reconstruir el rostro de los muertos en las confiterías de cristal translúcido?

¿Qué baúles guardaron tus humedecidas pertenencias?

¿Es lícito sacar ahora las ropitas de perlé y entibiarlas en la efímera lumbre de mi plexo solar?

¿Cómo cargar el sordo tintineo de tus huesos en el saquito de lino de una memoria que no absuelve?

Entras y sales de un aposento de imágenes, sin encarnar ninguna. A mi edad debería saber cómo atrapar la imagen madre, aquella que da luz a las otras; la imagen contenedora de balbuceos, nombres de pila, medallitas para recién nacido, cinta roja para sanar el mal ojo, ruda para evitar el espanto. Me contemplan cincuenta años y no soy *la loca de la casa*. Me revelo ante ella, ordeno imágenes en cajitas.

CAJITA 1

Antiguo botiquín de cartón duro,
la cruz roja de su tapa tiene perfo-
raciones de cánulas y jeringuillas.
El agujero más grande lo hice yo.
Contra todo desacato, escribí con
un punzón la palabra viento en el
viento.

Primera imagen

San Martín de Porres en un cuadro sobre la cocina
(¿era negro por el humo?).

Segunda imagen

San Martín ofreciéndome su escoba.

Tercera imagen

«[la imagen poética] No puede nacer de una
comparación sino de la reconciliación de dos
realidades más o menos distantes», dijo Reverdy.
Entonces quiénes se re-concilian
cuando la wawa insolente contesta al santo:
Ese oficio no me gusta.

Cuarta imagen

Mirlo recortado.
Hay en su pico una cereza herida.
Hay gotas coloradas.
¿Sangre de la cereza o del mirlo?
¿Quién hiere a quién?

Desde lo ciego y subterráneo
te tomo la palabra:
lo que escribo no me pertenece,
no te pertenece,
no nos pertenece.
Nuestros cantos solo fulgen
a la intemperie
su luz es prestada.

Qué exuberantes son los poemas
que he llenado con tus discursos
imaginarios.

Hospedo tus imágenes posibles. La más vacilante de todas es la única que te inscribe, como la rúbrica de un cernícalo entre la casa vieja y la nube preñada de tormenta.

Después del terremoto, todo alrededor está limpio: el cielo, las colinas, los pinos risueños. Todo está limpio: las sábanas del hospital sumergidas en cloro ya no cuentan nada.

Nada queda de ti, apenas un tremolar de nube, arrastrando perpetuamente el sudario del tiempo.

Tu fantasma aparece,
y como animalitos alveolados
merodeamos alrededor de la luz
del aire del aire del aire
del alquitrán y los jades de fondo.

Ausencias insospechadas huyen
a un remoto pasado,
se borran, se subvierten
y regresan a destiempo
perdurables y desafiantes
como lumbre
que ni se enciende ni se apaga.
Cenizas hay,
cosas hechas añicos hay.
Instantes petrificados.

La reparación nos pertenece:
abriremos los ojos,
seremos
el semblante del exilio
sobre lo arrasado
construiremos.

Ciertos árboles estériles
permanecen en el paisaje
limitando el espacio
entre dos orillas;
parecieran ser la culminación
de un pájaro transparente
la señal del fin
de las tierras cultivables
sus frutos y su sombra siempre
nos serán negados.

Cortaremos la ración de nada,
la hambruna que nos pertenece.

Tu cajita blanca, desafiante taracea
donde adherir todas las edades, todas las imágenes.

Entre el estar presente y el representar
enlazas la doble vida.

Circunnavegas nubarrones de papel,
ahí ancianas gacelas
todavía arrullan los huesos de sus hijos.
Otras veces indagas
el centro de la tierra inmóvil
cabeza abajo
fumarolas livianas
sin explosión ni latido.

Hermanito corazón de ciervo,
te has ido a la muerte
sin haber entrado en la vida.

¿De qué manera se puede traer lo imaginario a lo real?
¿Con qué materia se puede llenar lo real del lenguaje?
Alguna canción que alcance tus oídos ha de haber.
Agitemos como niños hambrientos el árbol
de los frutos
del lenguaje
cantemos
bajo la luz apacible de la mañana
antes de que los frutos se vuelvan amargos.

Todo comenzó con una imagen primordial:
cajita engalanada sobre la mesa de los santos, mientras
el velón crepita y los tejados de las viejas casas se tam-
baleaban sin estrépito.

Una flama se enciende; el cirio pequeño tiene el semblante
de un animal cuya espalda arde en centellas mínimas.

Todo ocurrió sin un parpadeo:
la calle empinada por donde ladraban los perros del
alba se convirtió en línea de fuga para alcanzar la pa-
labra *eterna*, contorneada por un *sfumato* de sombra.

El pequeño dios de mis antepasadas te levantó de entre
los tejidos y los bordados, como cuando se pone un
quinde bajo el sombrero y sobre él se dan golpecitos para
revivirlo; el linaje de mujeres de mi familia te contempló
y todas dijeron:

Mira el mundo.

LO QUE HABÍA

Una musiquita que se resolvía en vida.
No era la música de las esferas.
Pero durante siglos comprendimos que faltaba mucho
por vivir
y aceptamos la diacronía.

Un solar donde se intercambiaron palabras, algunas
adquirieron valor y se acuñaron en las monedas de los
avaros.
Otro solar donde se las oprimía y desterraba, pero ellas
seguían haciendo ruiditos; todavía son audibles para
quienes acercan la oreja a la tierra.

Todo transcurrió delante de nosotros:
las guerras, las emboscadas;
nos peleamos por el curso de los ríos, por adueñarnos
de las pepitas de oro encontradas en las mollejas de las
gallinas,
quisimos poseer molinos de agua, molinos eólicos,
molinos de tiempo y otros inventos.
Todo transcurrió delante de nosotros:
las alianzas, los armisticios, el sol dorando el fino pelaje
de algunas piedras.

Nos reconciliamos en otro lugar baldío donde lo hilarante y la *hamartia* se buscan, se ocultan y recrean.

Había caballos que emigraban a pastizales más verdes,
un trayecto largo para volver a casa,
noticias
buenas y malas,
una mano en reposo sobre un regazo vacío,
un hilito
     la vida
transcurriendo absorta en sí misma,
gentes que como astros se encuentran cada milenio y se despiden agitando un pañuelo deshilachado por tantos adioses.
Nuestra madre agitó el suyo y cuando miró la fotografía de la cajita contenedora de tu corazón de ciervo, dejó caer unas cuantas lágrimas.
Sabe que estás solo, al final del día se quedará agitando una hilacha transparente.

Y no descansará.

Espera lo que te voy a decir y sin pensar ya te lo dije.
¿Qué será?, ¿qué será?
Quieres leer mi boca con la sola percusión entre pecho y abismo, pero no abres los ojos.
En tu garganta maduran signos desconocidos, una voz que ahora me abre una puerta y ahora la cierra.
Como quien busca la punta de un ovillo vivo, intento escucharte.

II

FOTOGRAFÍAS

Hay un ciervo recostado en aguas de salvación.
Hay un molino de viento moliendo cielos.
Hay una crispada mano infantil
buscando una pajarita de tafetán:
de haber llegado a los cinco años,
con ella se habría tomado la primera fotografía.
A los diez, dibujaría paisajes sumergibles
y se habría embarcado en el temerario viaje
por un charco de tres pies de extensión.
Habría venido a este lado
esquivando la llovizna que cae sobre los muros
                                        [trembleques
con tacto tierno
invisible
a esta parte donde el corazón
se vuelve quebradizo
como si acumulara más inviernos que los que le
                                        [corresponden.

Desde el trasmundo irradia una supernova
envolviéndolo todo
como tu ausencia
gigantesca forma hueca del aire.
Cuando alguien de la comarca estuvo a punto de asirte
se abrió un intersticio, un diafragma
cada vez más ancho
engullendo animales celestes y amebas transparentes.
Cuanto hemos tomado de ti es solo bruma, vacío
y ahí nos quedamos
como quien mira el filo de la madrugada y no la atraviesa:
sabe que va a caer.

Al mirar las fotos de esos años, una réplica nos abre en mil fisuras, nos reconvierte en manchas y neblinas, desfiguraciones sobre cartoncitos endebles. Después seremos lanzados a la intemperie.

Tú no estás en ninguna de las formas tangibles, pero el rumor de tu ausencia dobla las palabras, las arranca como hierbajos incómodos; entonces, caes en ti mismo, en tu forma vacía, apoyándote en un lenguaje que solo reitera tu no presencia. Por eso no tienes fotografías, como tengo yo, vestida de espiga, bailando mi primera ronda infantil en un estadio a punto de volverse ruina.

Después, mi vestido y la ronda se escurrieron por una grieta; todo lo que pueda decirse lo hago franqueando las imágenes obturadas en esa grieta. Otras veces soy leve y me introduzco en ella, como en una casa cuando no hay nadie; entonces intento narrarte, agazapada en el aire de la marea de lo que ocurre o no ocurre, antes de que te conviertas en sordo ángel de greda, antes de que la difunta sea yo.

La palabra melancolía convoca lo imposible:
su sol oscuro, una moneda de mendigo,
trae los incansables rumores de la tarde,
el callejón interandino,
la gran bocina del viento
es el lugar para escucharte.
No capitularé
en medio del vozarrón de lo que existe
y lo que no existe:
me niego a que seas la Nada.

Buscarnos en fotos deterioradas es refractar el ojo: se perfilan bueyes a la sombra de la piedra, embajadores presidiendo el paso de un aventurado tren por Sibambe.

Una neblina agita los desfiladeros y selecciona pequeños engranajes: nenúfares crecidos en el agua de goteras, dientes de lobo en la maceta de los ajos, astrolabios para estrellas que nunca se reflejaran en el mar.

Imágenes, imágenes, balizas para desaparecer.

Solo Puntos Jonbar, donde la navegante olvidona vuelve a buscar desesperadamente sus disecados peces que reaparecen flotantes, esquivos, imposibles; entonces ella ha de contentarse con piezas menores, hasta la vuelta de la hambruna o su recuerdo una y otra vez.

En la memoria ya no queda sitio para tan girante mundo.

A cada vuelta caen fragmentos de fotogramas por la fontanela nunca del todo cerrada.

Mi cabeza es una suerte de consigna donde todo se mezcla: *La hora de la estrella*, *El corazón del daño*, *La marca de los potros*, el gris profundo y el azul, el vitriolo y los metales livianos, *Lo que el viento se llevó* y *El caballo de Turín*, las obras completas, *Las confesiones* de Agustín, lo inconfesable, las obras incompletas, *La anatomía del olvido* y *Los que no escuchan*, el *Sollozo por Pedro Jara* en una *Catedral Salvaje*, cuya aguja más afilada pincha mi corazón.

Un día de estos vendrán los dueños de esas imágenes y de las inexpresables. Vendrá Virginia caminando sobre las aguas; César de Jesús Dávila, llegará a tiempo para rescatar a la mujer ahorcada en el estío; entonces podremos mirarnos, potrito ciego, bichauchito solar, podré mirarte sin enceguecer. Yo también *esperé sola este lance.*

Mientras tanto, devoro imágenes como regalo dulcí-
simo, me reconozco hija bastarda de un mundo para
mi cabeza. Por delante hay muchas noches y muchas
cabezas y en todas y a cada instante brotan imágenes,
hongos deslumbrados, atronadores unos, silenciosos
otros.

En los lindes, las fotografías son cartoncitos empujando el olvido; en ellas, un guango puede confundirse con el algodón de azúcar de lejanas ferias, pegándose en dedos infantiles.

Se estremecen las retamas y en las hierbas minúsculas percuten las estrellas.

Entonces todo se torna borroso.
Los nombres desmienten.
Una también cambia.
Nos desteñimos a la intemperie como fotos lanzadas a la basura. Guardamos una llave sin haber podido abrir ni siquiera la palabra puerta.

Aparecen los poemas para ofrecernos hospicio. Un poema no expone ni oculta nada, deja que las cosas y sus nombres se junten por necesidad propia, por eso está ahí, en un incierto terraplén, cual promontorio de magnolias ofrecido a la canícula.

Mientras tanto, el árbol del lenguaje cierra sus varillas de paraguas zarandeado.

Los ojos se le cierran sin quererlos cerrar, o si los tiene abiertos no ve casi nada, dice Teresa.

Tus ojos desparraman su luz en la neblina del ensueño. En el negativo del mundo son un vivero de imágenes efímeras, y ahí habitas.

Hay un orden cósmico, el hilo de la araña también sostiene la vía láctea.

Los padres se borran: su desaparición desacredita a las familias y los hijos somos fotos sin enmarcar. Olvidados en la trastienda ensamblamos un inusitado álbum de familia donde todos han cerrado los ojos y cargan un abandono entre las manos.

El mío es pequeño, pero ya no sé dónde ponerlo

Deseamos un instante de la luz del día, de las lámparas o de las cámaras, y solo nos pertenece el negativo, la figura enceguecida por el flash.

Me erijo en buscadora del misterio, de un mundo inocente desconocedor de los cantos y tonadas con los que llenábamos nuestras bocas.

¿Con qué aperos, enumerando qué pasos, podría yo rescatar las imágenes que sobrevienen a los ojos cerrados? ¿Podría darte forma olvidando o recogiendo fragmentos ajenos?

¿Qué imagen de ti ha de sobrevivirte?

¿Qué imagen de ti ha de sobremorirte?

¿Qué charquito de lágrimas volverá a ahogarte?

Antes de que las aguas amnióticas te inscribieran en lo más leve del desastre mayor, las paredes se repetían ocres y marrones, marcadas por dentro y por fuera por el recorrido de las lluvias. Seguí esas grietas que terminaban en tinajas de agua. Tanto las seguí que yo misma fui una grieta.

El sismo, como todo lo que toca tierra, se sosegó en los abobes, se reacomodó en lo acuoso. Con mis manos hice para ti una constelación con astros más favorables.

Y a ti, ¿hacia dónde te lanzaron los indolentes herrajes terrestres?

El orden celeste y la cesárea permanecen
en su sitio
lo intocado y lo visceral.

Tú te elevaste por encima de la catarata
        muerte
        vida
llevándote tu propio vacío.

Hago promontorios
de palabras para ti,
criatura incrédula del presente
del pasado, apenas
        vapor
        vaho
cervatillo de improbable solidez
procurando su existencia con denuedo.

En los bosques de pájaros mudos queda
un claro
un vacío
y yo.

En mi cabeza
más crecía tu espectro.

Preferiría
las ilustraciones de todos los libros,
su falta de nitratos,
su verdad a medias
preferiría
los elefantes, orugas y camellos
balanceándose en una nube
solo en los libros ilustrados
las nubes y los ángeles
pueden soportarse en el mismo vacío,
en la misma *tela de la araña.*

Fantasmas interrumpiendo el silencio de las madrugadas, como el grifo que pierde agua gota a gota, los balbuceos de los locos, los ebrios y los recién resucitados: tambaleantes sobre la densidad del mundo.

Tu corazón invisible, resina volátil, alcanfor.
Yo, rastreadora del ave de tus ojos, volando hacia no sé dónde, al borde de esta página, donde te disuelves, distante repercusión en un túnel vacío.

Pero esta noche me escapo de las rotondas del mundo para traerte a mis brazos:
te llamaré ¿poema, imagen, alegoría, espectro, nadie?

Tú, crepitar de vicuña sobre tallos verdes.
Yo, sordo bostezo del desierto, túnel amnésico y, sin embargo, *recuerdo*:

verte adentrar en el completo olvido, como un semo-viente en un prado verde y desolado, la terquedad de ir hacia ti, pero uno no puede mirar fijamente a los ojos de la pampa. Ahí te dejé, a merced de la inconstancia del recuerdo, maltrecho papel de arroz ofrecido a la tempestad.

Nada supiste,
nada sabrás del sabor de las gelatinas de colores,
del ruidito al masticar un caramelo
con la primera dentición,
de la vigilia esperando al anciano
que
si viniera, si hablara de este tiempo, debería
solo balbucir y balbucir.

¿No dijo Celan
que si viniera al mundo tal hombre
transparente debería solo *balbucir y balbucir*?

En la bolsa de los miedos no acierto a organizar
los tartamudeos del aire.

Antes que tú se abrieron paso entre las frondas:
una canoa cargada de sal y distancia sobre el río Napo;
la pequeña aeda siempre desatinada y con los pies en llaga;
la noticia del que caminó sobre las aguas;
las tribus arribando a un solar que creyeron des-cu-brir;
los loqueros practicando una lobotomía a la cabeza de
Jacobo Fijman;
Walter Benjamín emprendiendo el más azaroso trayecto
para llegar a casa;
Marossa di Giorgio cuidando un jardín entre dos sueños.

III

LACTANCIA

La abuela, la madre y después yo misma buscamos entre los nenúfares y las herraduras de la noche un lugar donde alimentarte. Abrimos el pecho y empezaron a entrar animalitos decapitados. Por el día, un sol andino se encaramaba en los aleros de los hospitales donde las parturientas pierden a sus hijos, resbalan de la madre caracol sin fuerza ni brazos: caen del regazo al suelo: parecen dibujos a lápiz borrados por las pisadas de las gentes, pero siguen apareciendo en los rincones, trastocándolo todo, plenos en su condición de fantasma, saltando de aquí para allá, con resortes de payaso o funambulista.

Lo mirado y lo apenas entrevisto vuelve
a la memoria
en los bordes
comadres, curanderos, autoridades
los más ataviados y hermosos
son los que no están.
Cada uno ha remontado la burbuja de su muerte
como un volantín con mortaja
reciente unos, gastada otros.

Han dejado un centro intacto
al que nunca sé llegar.

En el sueño por el que se deslizan
los gestos
se confunden.
Palpo sin medida vuestra ausencia, vuestra cicatriz.

¿Qué he de hacer?, sino amamantarlos
aunque tenga el pecho
roto de ausencias.

Más allá de toda madurez, alimenté
poemas donde pasé hambre
tuve hijos bueyes, hijas tortugas
más allá de toda madurez
parí poemas tributarios de poemas ajenos
corrieron por mi cuerpo substancias inmaduras
mientras naces
        nazco
        nacemos
el hechizo
la distancia misteriosa
entre un sonajero
y el centro del pozo muerto.

Hay ríos de leche que cubren las tumbas de los niños,
que blanquean los huesos de sus seres queridos.

Hay ríos
de leche legendaria resistiendo
como diminuta burbuja sobre el desierto,
que podrían suplantar a los océanos,
alimentar animales nativos y extranjeros.
Leche madurada a destiempo
alimentada con mazorcas.

En la intemperie más nevada
hay recientes orfandades
convulsos remolinos
sobre muros y fronteras.

Vendrá la noche,
el eclipse polar,
y seguiremos sosteniéndonos en las gotas de luz
y en la leche luctuosa de madres huérfanas de sus hijos.

Tras la engañosa quietud de los astros
hay otra Vía Láctea
donde pasta el recuerdo
y se vivifica la muerte.

En la entrecortada línea generacional de mi familia
brotan veloces fantasmas:
no tienen boca
pero tienen sed,
y sin explicar a qué han venido
en un golpe de aire se pierden para siempre.

No se puede hablar de muerte con palabras muertas.

Para que lo improbable tenga alimento
las madres de quienes mueren al nacer
se derraman sobre el cielo
ascienden y descienden por los siglos
como un viático a la violencia
de las raíces de la tierra.

Guardan en su pecho una gota de leche
para el nonato
asterisco viviente
en la sombra de un pañuelo
cristal de azúcar
en el broche del duelo.

Cada gota germina una piedra creciente
la nieve sin montaña
¿verdad? Carmen Teresa Maldonado,
muerta a los dieciséis en labor de parto.

CAJITA 2

Caja de cristal (ya un poco empañado), tuvo llave; ahí se resguardan los copos almidonados de la vigilia y el vapor de los deseos; también hubo cabida para los parásitos de aves amarillas; improvisado cuenco para recoger las trizaduras del silencio.

Primera imagen

algodón blanquísimo, como el de las curaciones

Segunda imagen

trébol de cuatro hojas sobre el blanquísimo algodón

Tercera imagen

plegaría guardada por las manos piadosas y reumáticas
de la abuela:
no sé ler, firmo con una x

Cuarta imagen

un deteriorado pentagrama donde Simón Díaz canta:
Yo vide una garza mora dándole combate a un río

Quinta imagen

la palabra *eterna*
la palabra *salvación*

IV

APARICIONES

Apareces
en un territorio pendiente
de conquistar su forma;
en los sembríos de coles
apareces
en las faldas movedizas de los cerros con casitas
y aleros que trepan y trepanan;
en la ciudad guacha de Dios,
a merced del obispo y sus antiguos pobladores,
porque todos nos fuimos lejos, detrás de unas monedas
orientados por un mapa de ceniza.

Pensamos que habría algo más al voltear las colinas
ralas
algún río donde lanzar una rama
de amor deslumbrado
veíamos visiones.

En medio de una bruma de jabalíes,
la pregunta seguía ilesa.

¿Cómo se conquista la forma?

Alguna herida descuidada ha de haber para que dures
                                                    [tanto,
alguna palabra ha de haber para que te disipes.

No hay imagen impune:
nombrémosla.

Trazos imprecisos
quieren dar cuenta de una verídica historia terrestre
o de un poema pedernal para iluminar el cielo,
nada dicen, nada saben,
ramos de paradojas
oboes rotos carentes de aire y de latido
empeñados en tararear la espléndida melodía
del mundo.

Aunque sigas en la mañana y en el crepúsculo coral,
el personaje más desaparecido es el tuyo, deberías saberlo.

Pájaros andinos anuncian la mañana,
abrirse paso entre escombros de animales prehistóricos
                                    [es difícil:
al descuidarnos,
los muertos pían sobre heliotropos
y un día de estos puedo tener
tu deslumbrante cuerpo en mi regazo.

Para alcanzarte se precisa romper
la cuerda del funámbulo:
caerse, dislocarse, recomenzar,
gravitar los bordes de la intemperie,
despertar mirando el abismo.
Para flotar en torno a ti,
piragüita, relicario, costurero,
habrá que subvertir las medidas del mundo,
empequeñecerse,
aligerarse
como el melasma de las embarazadas
o la caricia tierna del aire sobre la hiedra.

Tus ojos seguirán absortos en las efigies de otro mundo,
desde el mirador sideral seguirás tensando el arco
mudo de las palabras.

CAJITA 3

Caja de láminas de nácar soste-
nidas por alambres que empiezan
a oxidarse, a trasluz

y si te acercas con el cuidado de
los convalecientes podrás ver:

Fragmentos de las cosas quebradas
por efecto del sismo

La botella de aguar
diente, para curar el es
panto el bastón de la ci
ega queriendo cruz
ar la esquina.

La ma
ceta donde ani
dan las palomas en no
vi
embre
La linterna para su
bir al
tum
ba
do.

FUNDACIÓN DE UNA COMARCA FLUVIAL

Se abre el día con sus cosas de día.
Se cierra la noche y la tinta,
hemos sido vencidos por lo escrito.

Ninguno previó tamaña desmesura,
tamañas cordilleras,
tiernos y mortales laberintos.

Esta es la comarca de tu llegada al mundo.
Tambos, chaquiñales, caminos
son nombrados por el movimiento.
En estos cerros,
incas, cofanes, puruháes,
sembraron astros y aguas
a partes iguales diseminaron
cabezas de llamas y vicuñas
contenedoras de semillas.

Después de tarea tan fecunda
hubo trigo, flor, incienso
también una arcilla trágica
para moldear el padecimiento y sus figuras.

Voy a ti, las alas bien atadas a la sombra.

Este es el lugar donde comparecerás
ileso
renovado
pretendo intercambiar estas palabras
con tesoros de un cielo que no anduve.

Por un tiempo los exvotos alcanzaron los objetos
                                    [de sus peticiones:
cabezas despejadas, plenas de certezas,
pies ágiles, matrimonios sólidos,
oídos afinados, temblores más amigables.

Las palabras puestas una a una en esta página
son portadoras de una lógica votiva:
la fundación de una comarca
donde la luz se difraccione al asalto de los objetos
                                    [terrestres
y ahí tu fantasma
confín
asomando los ojos
a los cortinajes de la vida.

Ahí, sin amenazas, en la plenitud del descampado
                                    [de los verbos,
en la comarca fluvial
donde se agitan brazos y papalotes en un solo sueño
para recibirte
inverosímil, parpadeante
pero exacto
como una manzana sobre la mesa del hambre.

Esta es la comarca donde los cuerpos de los neonatos adquieren huesos, un cráneo y sus imágenes, se estiran, se recogen hasta otra vez ser débil cartílago, sombra, y después nada.

Región no hollada, inefable, mientras el lugar natal
donde
amé
amo
temblaba.

Lugar natal, donde no tenemos sombra ni contorno, ni siquiera en el álbum familiar: madre pequeñita con sonrisa triste, cierta crispación en sus manos, lo que queda de una tormenta dócil y vencida.

Abuela de aguda pupila, presta a advertir peligros en los ladridos de los perros, en el cacareo de las gallinas o en el aire gastado de la tarde.

Hermana limpita, limpia como fuente de sonido blanco, de bata blanca y palabras de sonido transparente.

Hermano uno, niño aventurero, vocación de arquero, flechas de resina en sus manos, alcanzar la vida, dar en su centro, ¿de eso se trataba?

Hermano dos, ñaño pequeño, mirada alta, vocación de columna, soporte, corazón encendido.

Ahí todos, bajo la ardiente arquitectura del porvenir.

Alexander von Humbolt no pudo medir la prolijidad con que las ancestras levantaron poblados sobre restos de lava y piedra pómez: no supo por qué desobedecemos las advertencias de los vulcanólogos y seguimos multiplicándonos en los desfiladeros de los Illinizas, convirtiendo sus faldas en salas inmensas donde la vida rumorea milagros cotidianos.

Los herrajes de los caballos son hechura de las manos que pulen los exvotos y las inscripciones de latón:

> Estuve tullido durante años, un día viniste a mi ventana con una rosa, me levanté y puedo caminar, dejo aquí figurita de mis pies, hermanito Miguel.

> De niña me tragué una piedra caminante. Casi me mata al llegar al corazón. Tu mano liviana la quitó de un soplo, santa Marianita, dejo aquí devuelta la piedra y mi corazón de fieltro.

Mamá ofreció mi pelo bien trenzado con cinta de color pitahaya y la figurita devota imitando una cabeza. Bien vista, esta cabeza tenía los ojos cerrados.

Que habites cualquier nombre, sea exilio, exhumación, exvoto.

Que las nubes se queden inmóviles para que no vuelvas a cambiar de lugar.

Que aun quebrantado separes las aguas del ahogo y las de la resurrección.

Que de repente el miedo se quede bajo tierra y no tengamos miedo de tener miedo.

Que un sonido anterior al diluvio nos contenga y nos redima.

Que no broten chispas en la sintaxis de las palabras, que no sean incendio, destrucción, sino quietud, *sola quietud*.

Enjugar sostener confortar
sin palabras ni cayados
solo permanecer.

Viene la muerte a un poema de Pavese y tiene los ojos
[de ella,
viene la muerte a este poema
pero no tiene los ojos de ninguno de nosotros.
Si quisieras podrías atravesar la eternidad en tren
y detenerte en los ojos de la *golonniña* huidobriana.
Podrías poner los ojos chinitos
y vislumbrar la Osa Mayor y sus oseznos
pasando a través de mí,
de ti.

Podrías mirar cómo se derrama el cielo
sobre el primero de los muertos.

Ya están aquí,
silenciosos asistentes
a los esponsales
entre lo inaparente y lo óptico.
Vienen por el rail de las visitaciones
con la velocidad de los talleres
y la lentitud de los cerros.
Ya cruzan el septentrión,
en los ramales de ríos sureños
instalan sus cabrestantes
para salvar a todo aquel que salte
cuando la torre se desmorone
ya siento el flujo del aire
buscando los postigos de este mundo.

Vienen todos a esta página abierta
de par en par
cada uno desde su lagunita de oxitocina
con su son y su musiquita
rengueando por el paisaje
aflautado como canto de mirlo
sobre un campo minado.

Vienen porque también las palabras son
continuidad que atraviesa
la extensa meseta del pasado.

Bebemos savia de imaginadas ramas
virginales, presentidas.

Ya lo dijo el poeta del pajarístico:
La memoria reconstruye en sentido inverso.

Vienen todos,
quiero ir con ellos en el tumulto
vociferante

pero mis ojos aún esperan
por los acantilados
veo correr caballos fantasmas
febriles suicidas.

Hasta ahí no los voy a seguir.

Esta es la línea en la que no puedo continuar.

Vienes tú que no has conocido
las derivas fluviales hacia la Costa.
Te miran acuosos los ojos vegetales
al menor gesto tuyo
hablan los árboles selváticos
las aguas de los ríos tiemblan reflectantes
como si fueses el crepúsculo reciente en el dorado confín
[de esta tarde.

Cada instante pasado regresa al instante presente.
Te miran los puentes,
las piedras del camino hacia las petroleras de Shushufindi
se embarcan hacia el cielo.

Lo subviertes todo
gozoso del olor a tierra recién llovida,
de la visión inverosímil y ágil de monitos y pumas
[moteados.

Te bastas a ti mismo,
paisaje terrestre y sueño.

Abajo, bien adentro
nosotros frotando pedernales
para entrar al aire ondulado,
al hueso de la vida.

Comeremos lo que nos fue escatimado,
ocuparás el lugar que ocupé yo
y volverá cada quien a su mundo,
cada quien a su casa.

Aquí,
ante la madre de las aguas,
encomiendo las palabras a sí mismas.
Sobre mi pecho trazo
el gesto votivo de quienes se separan para siempre.
Aquí dejo las palabras
junto a la azucena y al cirio amarillo;
junto mis manos para pedirte,
madre de las ciénagas y los reflejos,
que lo más pueril del lenguaje,
el caos o la inocencia,
no mueran ante tus ojos,
que no se ahoguen estas palabras
sin que estemos presentes para salvarlas.

Aquí dejo este universo
construido a sobresaltos
con las esquirlas del talud
y la tornillería fina que engarza los huracanes.

Aquí,
como la figurita de un exvoto representando una casa
                                    [a medias:
media ventana es mía, la otra es tuya,
no están enfrentadas;
media muerte es tuya, media vida es mía,
formas de sobrevivir.

No te distraigas,
las casitas
construidas a sobresaltos
pueden volar ante una mínima voluta de aire.

Lloraré por no conocer la paciencia
necesaria para mantener parpadeante una débil luz
bajo un cielo rápido;
por haber dejado que el tiempo y el espacio apaguen
mi lámpara encendida alguna vez
para lo que existe en forma de ensueño o visión,
para lo que se resiste y se regenera
como cuando en media selva se apisona la tierra
                              [para edificar la plaza,
y los hierbajos y bromelias siguen apareciendo.

V

PUNTOS JONBAR

La melancolía abre sus caminos y nos lleva
a las mismas ruinas del sistema solar.
En mi entraña late un día
de noches más densas que la tinta.
Puedo cargar un puerto a mis espaldas
para el náufrago menos venturoso.
Puedo llevarte conmigo
cuando las islas se separen.

Es hora de moverse,
de atravesar la luz *de parte a parte,*
de crecer lentamente
y comerse los pastizales inmensos
nacidos sobre las cristalinas manos de los muertos.

A mis cinco años tomé una resolución temprana:
la hermana mayor cederá su sitio al menor.

Adivino tu ascensión
mientras suelto el hilito de las junturas;
ahora reconoces en mí
tu propia aparición
y nos colocamos en el centro de la intemperie.

Existirán altísimas esferas:
subamos por la escala más leve del mundo,
volvamos la visión desde el peldaño más alto.

¿No ves que veo con tus ojos?

Alguna vez,
cuando la tierra pese menos que los lirios,
comprenderemos la autarquía de las imágenes.
Hoy demudo y demuelo la casita con aleros de
[noviembre,
derribo el anticosmos que te albergó hasta este instante.

Hoy te ofrendo
al corazón de esta ciudad
con sus templos inacabados,
donde el cielo es el suelo y su contrario,
luz incandescente en la estratigrafía de la niebla.

Me deshago de tus ojos imposibles,
de la imaginación
que te puso en una foto
junto a grandes animales
o escalando rocas de poca altura.

Dejo aquí tus sucesivos fantasmas
alimentadores de la bruma de los muertos.

Diré que mi cabeza es un lago
inmenso con su centro y ojos mudos,
que es posible desentenderse
de la realidad
como un asunto finiquitado
y después de reparar las cosas rotas,
las cajitas con imágenes,
empujaré contigo
suavemente
la puerta del mundo
sobre la candela de la mañana,
y nuestros huesos de náufragos ligeros
agitarán un volumen de aire, una rapsodia
de días y surcos paralelos
y por fin aparecerá un reino
de papel de arroz
para figuras
vivificadas para siempre
por su humilde voluntad de existir.

EPÍLOGO

En un lugar del corazón hay un nido votivo, hiperbólico, orillas para ríos erosionados, lugares para vidas paralelas.

Sé que traerte vivo a estas líneas es caminar sobre la niebla, portar un fardo con cuidado para no fisurar la frágil lámina de papel de arroz con el peso de todas las generaciones de mujeres analfabetas, de la que soy apéndice. Yo solo quería que hubieses venido al centro de la tierra, como una desorientada constelación cuya luz ha perdurado como la última y primera burbuja del milagro. Entonces aparecerían las palabras, como salva de futuro. Los niños muertos y los niños vivos treparían al carromato de las imágenes que les pertenecen y, por fin, podrías descansar en la fosa más profunda de la paz.

Como un helecho que se abre para el sol,
      respirarías
      respirarás
      respiras
en estas páginas.

ÍNDICE